CATALOGUE

DE LA

JOLIE COLLECTION

DE

TABLEAUX

DE L'ÉCOLE FLAMANDE

FORMANT

Le Cabinet de M. le Comte A. Van den Burch

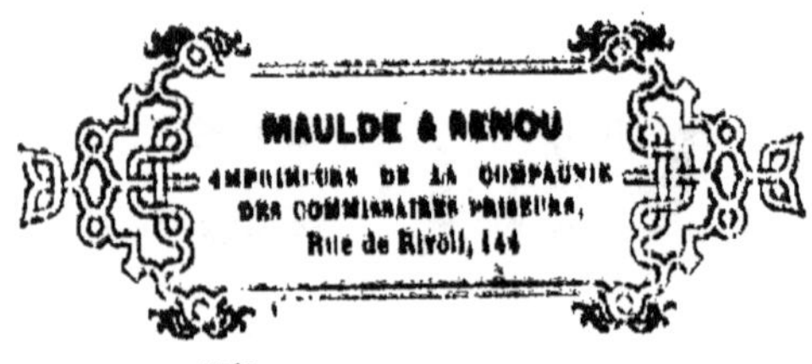

MAULDE & RENOU
IMPRIMEURS DE LA COMPAGNIE
DES COMMISSAIRES-PRISEURS,
Rue de Rivoli, 144

8847

CATALOGUE

DE LA

JOLIE COLLECTION

DE

TABLEAUX

DE L'ÉCOLE FLAMANDE

FORMANT

Le Cabinet de M. le Comte A. Van den Burch

DONT LA VENTE AURA LIEU

HOTEL DES VENTES MOBILIÈRES, RUE DROUOT

SALLE N° 5

Le Samedi 22 Mars 1856

à deux heures et demie.

Par le ministère de Me **MALARD**, Commissaire-Priseur,
rue de la Fontaine Molière, 41,

Assisté de M. Ferdinand **LANEUVILLE**, Expert, rue Neuve
des Mathurins, 73,

Chez lesquels se distribue le présent Catalogue.

EXPOSITION PUBLIQUE

Le Vendredi 21 Mars 1856, de midi à cinq heures.

PARIS

MAULDE ET RENOU

IMPRIMEURS DE LA COMPAGNIE DES COMMISSAIRES-PRISEURS
rue de Rivoli, 144.

CONDITIONS DE LA VENTE

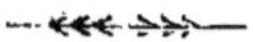

Elle sera faite au comptant.

Les acquéreurs paieront en sus des adjudications, 5 pour 100 applicables aux frais.

LE CATALOGUE SE DISTRIBUE

Londres.............. COLNAGHI, marchand d'Estampes.
Bruxelles............. LEROI, expert du Musée Royal.
Amsterdam........... DEVRIES.
Rotterdam............ LAMME.
Vienne............. .. ARTARIA et Cie.
Berlin........... ... .. PASSALACQUA, Directeur du Musée.
Lille................. TENCÉ, père, marchand de Tableaux.
Rouen..... .... BELLARD, marchand de Curiosités.

AVERTISSEMENT.

M. le comte Van den Burch, en formant la collection qu'il livre aux enchères, n'avait en vue que sa jouissance personnelle ; il ne recherchait que le mérite réel de la peinture, et les grands noms ne l'attiraient qu'autant que le talent qui s'y rattachait lui était sympathique ; aussi la réunion qu'il a formée se distingue-t-elle surtout par un discernement et un goût particuliers ; ce sont pour la plupart des œuvres des maîtres secondaires, il est vrai, qui en font partie, mais chacune d'elles est précisément la meilleure de chaque artiste, au point même que des amateurs moins consciencieux auraient pu facilement les attribuer aux maîtres en première ligne, qu'elles égalent. Nous citerons, sans craindre de rencontrer des contradicteurs : un tableau, par Jean Wouwermans, que son frère Philippe aurait pu signer ; un Schmacker offrant toutes les qualités d'un Berghem ; le plus beau Devries que nous ayons vu,

si beau qu'on le nommerait Ruysdaël; un Baren-
graat qui rappelle, par ses brillantes qualités, son
précieux fini, Cuyp et Terburgh; on pourrait aussi
attribuer à ce dernier un petit portrait de femme,
par Gonzalès Coques, de la plus belle exécution, et,
pour terminer, nous signalerons une belle Vue des
bords du Rhin, par Van der Hagen, avec figures
d'Eglon Van der Neer; un joli Everdingen; un ravis-
sant portrait de Gaspard Netscher; une magnifique
étude de Cuyp; un bel orage de Backuysen; un Van
der Heyden, ce maître si rare et si recherché.

Il est inutile d'ajouter que tous ces tableaux ont
été rassemblés par le goût le plus sûr et le plus dé-
licat; on pourra s'en convaincre. Mais qu'on nous
permette seulement d'insister sur une condition qui
se rencontre bien rarement, c'est, nous l'affirmons
en toute assurance, qu'ils sont tous de la conserva-
tion la plus parfaite.

DÉSIGNATION

DES TABLEAUX

———⋗⋖———

ARTOIS (Van) et BAUT.

1 — Beau site baigné par une rivière ; un grand
nombre de figures diversement groupées
animent le tableau.

Toile. — H. [illegible] c. L. [illegible] c.

BACKUYSEN (L.).

2 — Orage : Effet de soleil couchant.
On aperçoit une ville dans le fond du
tableau.

Toile. — H. [illegible] c. L. [illegible] c.

BARENGRAAT.

3 — Le Retour de la chasse.

Un jeune seigneur monté sur un superbe cheval, est suivi de son valet et de ses chiens.

Toile. — H. 54 c. L. 46 c.

BEGA (C.).

4 — Portrait d'un jeune homme coiffé d'un chapeau à large bord.

Bois. — H. 18 c. L. 14 c.

BLOOT (Pierre de).

5 — Le Départ pour le marché.

Bois. — H. 43 c. L. 46 c.

BRECKLEMCAMP.

6 — Une vieille femme endormie près d'une che-
minée.

Bois. — *H. 50 c. L. 39 c.*

CANALETTI (école de).

7 — Vue du grand Canal de Venise.

Toile. — *H. 44 c. L. 65 c.*

COXCIE (Michel).

8 — Petit portrait de femme vêtue de noir.

Bois. — Ovale.

CULLEMBOURG.

9 — Assemblée des Dieux.

Toile. — H. 44 c. L. 54 c.

CUYP (Albert).

10 — Bœuf au pâturage.

Superbe étude. Première manière du maître.

Bois. — H. 46 c. L. 67 c.

DEHEEM (David).

11 — Un Pâté, des crevettes, du raisin, un citron, un vase posés sur une table.

Toile. — H. 48 c. L. 64 c.

DEVRIES (R.).

12 — Vue prise des Dunes de Hollande.

Bois. — H. 47 c. L. 63 c.

EVERDINGEN.

13 — Paysage. Une plaine traversée par une route au bord de laquelle est placée une chaumière.

Bois. — H. 36 c. L. 82 c.

GONZALÈS COQUES.

14 — Portrait d'une jeune femme.

Ses cheveux blonds tombent en boucles sur sa gorge nue. Elle est vêtue d'une robe noire garnie de perles. Un collier orne son cou.

Cuivre. — H. 21 c. L. 16 c.

GOYEN (Van).

15 — Un Vaisseau fait le salut en passant devant un fort. Sur le premier plan, plusieurs barques de pécheurs.

DU MÊME.

16 — Marine; Effet d'orage.

Bois. — H. 24 c. L. 87 c.

HAGEN (Van der) et Eglon Van der NEER.

17 — Vue d'une ville au bord du Rhin.
Sur le premier plan, l'artiste s'est représenté dessinant.

Bois. — H. 36 c. L. 36 c.

HEYDEN (Van der).

18 — Ruines dans un paysage.

Bois. — H. 27 c. L. 32 c

KALF (G.).

19 — Un pâté, un citron, un plat et des verres, posés sur une table.

Bois. — H. 53 c. L. 63 c.

KEYSER (T. de).

20 — Portrait d'une jeune femme vêtue de noir.

Bois — H. 69 c. L. 45 c.

LAAR (Pierre de).

21 — Halte de voyageurs. Les derniers plans sont traversés par une rivière sur laquelle est jeté un pont.

Bois. — H. 46 c. L. 62 c.

LINGHELBACK.

22 — Une Dame et plusieurs Cavaliers à cheval, partant pour la chasse.

Toile. — H. 40 c. L. 40 c.

MEYER.

23 — Le Passage du gué.

Bois. — H. 70 c. L. 101 c.

MOMERS.

24 — Sur un chemin près d'une cascade, un pâtre
monté sur un âne chasse devant lui un
troupeau de vaches et de moutons.

Bois. — H. 42 c. L. 40 c.

NETSCHER (Gaspard).

25 — Une jeune fille, richement costumée, tenant
un éventail à la main.

Cuivre. — H. 26 c. L. 21 c.

OSTADE (Isaac).

26 — Un homme arrêté devant une auberge donne
à manger à un cheval blanc. Près de lui
sont deux chiens.

Bois. — H. 51 c. L. 46 c.

PALAMÈDES.

27 — Portrait d'un jeune officier.

Ses armes sont placées près de lui sur une table.

Bois. — H. 65 c. L. 49 c.

REMBRANDT (école de).

28 — Portrait d'homme.

Bois. — H. 24 c. L. 20 c.

SOLMACKER.

29 — Berger gardant un troupeau de vaches et de moutons.

Bois. — H. 31 c. L. 42 c.

TERBURGH.

30 — Portrait d'un jeune homme. De grands cheveux tombent sur ses épaules ; il est vêtu de noir, et porte une large collerette.

Bois. — H. 18 c. L. 15 c.

VLIET (Van der).

31 — Portrait d'homme à barbe blanche ; il est coiffé d'une toque noire ; son cou est orné d'une large collerette ; un manteau garni de fourrures indique un homme de distinction.

Bois. — H. 66 c. L. 52 c.

VOYS (Ary de).

32 — Un homme fumant. Il tient un verre d'une main, l'autre est passée dans sa chemise entr'ouverte.

Bois. — H. 20 c. L. 18 c.

VOYS (A. DE).

33 — Un Fumeur.

Bois. — H. 19 c. L. 15 c.

WEENIX (école de).

34 — Canards dans l'eau.

Toile. — H. 85 c. L. 100 c.

WOUWERMANS (JEAN).

35 — Halte de voyageurs, près d'une hôtellerie, l'un d'eux fait manger son cheval.

Bois. — H. 35 c. L. 41 c.